51
Lb 2831.
AF465751

POINT DE RÉFORME

ÉLECTORALE,

PAR SERS.

PARIS,

CHEZ L'EDITEUR,

RUE HARLAY DU PALAIS, 4.

1839

.P3771

IMPRIMERIE DE MADAME PORTHMANN,
rue du Hasard-Richelieu, 8.

POINT DE RÉFORME ÉLECTORALE.

POINT DE RÉFORME ÉLECTORALE.

Il vient de passer sous mes yeux un écrit, l'expression d'une passion ultra-réformiste. A Dieu ne plaise que cette œuvre, diamétralement opposée à l'esprit de notre charte constitutionnelle, dite charte-vérité, pénètre jamais dans les faubourgs de notre bonne ville de Paris, où se trouvent des ouvriers mal instruits, lisant journaux non subventionnés sur la caisse des fonds secrets, et des chefs d'ateliers parleurs, penseurs, raisonneurs, contrairement à notre vouloir, partant suspects, et mis à l'index, c'est-à-dire sous la surveillance de messieurs les agents de notre police secrète.

Sainte-alliance ! Patrone des rois très-chrétiens, garde à toi ! Lis cette pièce irrévérente, digne du feu ou d'une lacération qui n'en laisse la moindre trace ; lis, et que ton autorité diplomatico-européenne lance une réprobation solennelle contre cette proclamation, hostile à nos propres intérêts, qui sont les intérêts de la France, et que peut compromettre une bourrasque révolutionnaire, sortie d'un coin de rue !

« RÉFORME ÉLECTORALE. »

« Jusqu'ici le droit de voter dans les élections, ou celui « de tendre sa gamelle à son représentant pour avoir un « peu de curée, a été le même : corrupteurs, corrompus, « tous votèrent pêle-mêle, dominés par le sentiment de « l'égoïsme et celui d'une ambition de plus en plus insa- « tiable.

« Un grand devoir est de mettre un terme à ces spécu- « lations cupides et d'empêcher le trafic scandaleux qui « fait descendre dans l'opprobre les acheteurs et la mar- « chandise humaine qu'ils achètent : exemple incroyable « de crapuleuse immoralité.

« Nos réunions électorales, qui assurent en principe la « perpétuité de notre indépendance, ne doivent pas être « transformées en foire de bestiaux.

« Plus de priviléges ! Egalité pour tous !

« Plus de corruptions ! le représentant du peuple fran- « çais ne doit pas ramasser la députation dans la fange ! »

A ce manifeste montagnard, qui, certes, n'a jamais été le fruit d'une plume ministérielle, je réponds avec l'honorable maréchal, qui, sous la restauration, porta d'une main un gland de dais, de l'autre un cierge :

POINT DE RÉFORME ÉLECTORALE.

Vous lançâtes le même anathème, ô vous que la mort nous a ravi ! prince des pompiers, noble rival de Neptune, dont la puissante volonté enchaînait ou déchaînait à votre gré la fureur des flots !

Pourquoi point de réforme électorale ?

Le système n'en veut pas ; et sa volonté est irrévocable ; la nation bien pensante n'en veut pas non plus, car elle a compris ses devoirs et s'est faite très-humble servante du système. A tout seigneur, tout honneur.

Aujourd'hui, entre ces deux puissances, il y a alliance offensive et défensive ; l'amour du bien public les a unis ensemble comme le corps et l'âme, la matière et la pensée, le soldat et la discipline, le courtisan et l'étiquette.

Or, la réforme électorale est impossible, moralement, gouvernementalement, ministériellement, systématiquement, militairement ; on déplace des montagnes, on change le lit des fleuves, on n'ébranle pas des volontés gouvernementales retranchées au milieu d'un centuple bataillon carré ; appuyées du dévouement sans bornes des préfets, sous-préfets, procureurs du roi et officiers de gendarmes ; consolidées par nos bienheureuses lois de septembre, par quatre cent mille hommes d'armée active et plusieurs millions de gardes nationaux ; enfin, enracinées dans les assemblées électorales, dans les chambres législatives, dans les bureaux du ministère et dans les caisses du budget qui les alimente, les vivifie, leur procure en toutes saisons une sève toujours nouvelle, toujours abondante !

Plus je songe à cette mesure démocratique, réprouvée hautement par un de nos braves qui a juré de monter à cheval si les pétitionnaires offraient la moindre résistance ; plus je suis porté à croire que c'est la pensée d'une imagination en délire : le peuple, le bon peuple réclamer l'exercice de ses droits politiques ! Impossible. Le peuple payant, soit ; c'est le mauvais peuple, celui-là ; c'est le peuple turbulent, mécréant, récalcitrant, dont jusqu'ici M. Toziuc n'a pu cadenasser la langue ; mais le bon peuple, le peuple payé, décoré, titré, galonné ; nos élus, nos protégés, nos salariés, réclamer l'exercice de leurs droits politiques ! Erreur profonde. Le peuple payé se confie en la Providence qui veille sur nous, du haut des cieux ; il s'incline avec un profond respect devant nos excellences qui représentent en France cette divinité, et toujours courbe noblement la tête sous un joug auguste et doré.

Peuple sage et paisible, peuple de héros, d'administrateurs laborieux, de magistrats impartiaux, de financiers intègres ! Peuple modèle ! il se laisse conduire comme un troupeau chéri que l'habitude d'être parqué, contenu par des chiens de garde, élevé dans l'état de domesticité, soumet avec obéissance au fouet du maître ; il lui donne sa laine, son lait, sa chair, sa fourrure ; rien n'est à lui, tout est au pâtre qui le mène au champ et de là à la foire.

Voilà le peuple souverain que le talent gouvernemental de messieurs a dressé en docilité. Honneur aux grands maîtres !

En échange, le peuple obéissant, c'est-à-dire le troupeau chéri, reçoit chaque mois de bons émoluments que ne touchent point, et que paient au contraire les masses indociles.

Donc la partie saine du corps social, cette agglomération de sujets dévoués, qui, par leurs lumières, leur patriotisme, leur coopération à la marche glorieuse et fortunée du système, constituent la nation, ne veut pas de réforme électorale, pas même l'adjonction des capacités, parmi lesquelles se montrent des hommes du progrès, dont les passions trop libérales ont besoin d'être paralysées au contraire par la compression de nos lois politiques, toujours dans l'intérêt général.

Je conçois que ce désir de réforme puisse être conçu par nos ennemis, ces ingrats contribuables que le pouvoir trouve toujours disposés à réfuter l'appui de leur bonne volonté et de leur bourse ; mais que leur projet triomphe, que la raison nationale crie avec eux, plus de prérogatives électorales ! c'est de quoi je doute fort, par la raison que le partisan de leur rêve, le peuple prolétaire, vaurien et vilain, sans fortune et de naissance obscure, n'a pas de providence qui protége ses droits prétendus et mal entendus. Je me trompe, il a bien une providence cachée sous les pavés de la capitale ; mais la brave garde bourgeoise de Paris, si bien organisée, animée, dirigée par des chefs bien hébergés, fera toujours prévaloir contre la tendance réformiste ces deux commandements :

Homicide point ne seras,
Tes impôts, douzième par douzième paieras.

Ceux qui forment ce vœu, plus de prérogatives électorales, ont-ils bien songé d'ailleurs à la possibilité d'arriver à leur but? Avant de tenter l'assaut d'une citadelle, le général expérimenté étudie si le succès couronne son attaque et son audace. Des obstacles invincibles s'élèvent-ils contre ses projets? Persister, de la part du général, serait acte de témérité reprochable. De même, à la veille d'une grande entreprise, de l'émancipation électorale d'un grand peuple, par exemple, à qui la sagesse disciplinaire de nos excellences a fait perdre pas à pas le terrain qu'il avait gagné à coups de pavés, il faut au moins que les chances de succès soient égales.

Pour que les chances de succès soient égales, il faut que la puissance assaillante ait à sa disposition, comme sa rivale, plusieurs millions de fonds secrets.

Il lui faut, répandue sur tous les points du territoire, une armée invisible, aux oreilles devineresses et aux yeux de lynx.

Son portefeuille doit contenir beaucoup de titres, beaucoup de croix, beaucoup d'emplois d'administration publique et beaucoup de brevets de surnuméraires.

En outre elle doit disposer du poignet du gendarme, de la langue du procureur du roi et de la conscience du juge.

Au cas contraire, radicaux, contenez votre impatience; la réforme électorale, vous l'aurez un jour; mais attendez au moins que nos ministres, ces précieux économes des deniers du peuple, complètent la richesse publique, la prospérité nationale, le parfait bonheur des classes ouvrières.

Attendez que leur sagesse législative et administrative ait perfectionné le mode d'avancement des sous-officiers de notre armée de terre, et que leur tendre sollicitude se soit portée, pour en ordonner autrement, sur les coups de garcette que le caprice brutal des officiers de marine distribue ou fait distribuer, contre le vœu de la loi, à nos pauvres matelots éreintés.

Enfin, attendez que l'extrême prudence de ces demi-dieux politiques ait établi sur toutes les routes un monopole de chemins de fer, à l'aide desquels pourront s'escamoter, s'il y a lieu, personnes et trésors, les braves gens qui nous gouvernent en sous-œuvre.

Auriez-vous, par hasard, basé vos espérances sur les données de cette jeunesse entreprenante et hasardeuse qui puise sa science politique et gouvernementale en jouant au billard ou faisant caracoler ses chevaux de selle aux Champs-Élysées? Folie!

Souvenez-vous de cet adage: La raison du plus fort est toujours la meilleure.

Or, de quel côté est la force? Sans partialité examinons, puis nous déciderons ensuite, en connaissance de cause, sur des calculs positifs, de quel côté penche la balance.

Vous dites: « Le peuple se divise en deux portions, « l'une composée de citoyens braves et généreux qui seuls « prêchent la résurrection des droits de l'homme; l'autre « grossie de cette quantité innombrable d'êtres sans volonté, sans énergie, qui semblent n'avoir été jetés sur la « terre que pour la peupler d'ilotes et de domestiques.

« Ces ilotes sont nos frères; ils sont les frères des princes, des rois, des empereurs; la nature et la religion « leur ont donné cette parenté, car elles ont fait tous les « hommes égaux, tous descendants du même premier « père.

« Eh bien, c'est la reconnaissance de ce droit impres-

BIBLIOTHÈQUE ROYALE

« criptible et sacré que nous réclamons, principalement « dans l'intérêt des hordes ignorantes et stupides qui se « laissent atteler comme des bêtes de somme et traînent « les charges de l'état.

« Dites-nous, hommes vaniteux, qui vous a accordé le « droit de disposer, selon votre bon plaisir, des destinées « politiques de vos semblables? Ce droit, ne le tenez-vous « pas du hasard seul qui vous a donné naissance dans un « rang plus élevé de la société? Si au contraire vous fussiez « nés fils d'ouvriers; si le besoin vous eût élevés au tra-« vail, la hache ou le marteau à la main, souffririez-vous « avec la lâcheté de l'esclave que l'héritier d'un aristocrate « riche vous dît du haut de son orgueil : Vous ne payez « pas 200 francs d'impôts; vous n'êtes pas citoyens; re-« tirez-vous.

« Magnanimes privilégiés, aux 200 francs d'impôts! « l'élite de la garde nationale, qui, sans payer le cens, a « néanmoins la mesure de sa dignité et la connaissance de « ses droits, conteste cette prérogative inique dont vous a « investi une politique eleutherocide. L'amour de l'égalité « qui l'anime, lui fait un devoir impérieux de réclamer le « titre de citoyen pour tous ses frères riches ou pauvres, « car le pauvre aussi, quand bat la générale ou sonne le « tocsin, présente sa poitrine aux balles de l'ennemi.

« Ne pensez pas cependant que, devant le pouvoir lé-« gislatif, se présentent les pétitionnaires, tenant d'une « main la plume et de l'autre le fusil. Faites taire cette « pensée, elle est injuste, la légalité seule domine l'in-« tention.

« Mais ne croyez pas, non plus, que l'avant-garde « monte aujourd'hui à la brèche pour reculer demain; « elle déclare sa volonté permanente et inébranlable;

« plante son drapeau dans l'espoir qu'un jour prochain, « viendront se rallier à ses couleurs patriotiques, ces « masses d'ilotes que la civilisation constitutionnelle n'a « point encore dotés de ses bienfaits; ces autres masses « soumises, dévouées corps et âme au maître qui les a « inféodées à son administration, et la majorité loyale et « généreuse des électeurs qu'un noble sentiment portera « à s'unir à leurs frères déshérités d'un droit légitime que « leur accordent la nature et la raison. »

Je renvoie la réfutation de cette doctrine erronée à Messieurs nos ministres, professeurs ès-charte constitutionnelle, et à qui du reste cet honneur appartient par droit de portefeuille. Je me bornerai dans ma réponse aux deux observations qui suivent :

Si j'ai bien compris, dangereux radicaux, si justement qualifiés esprits factieux, vous comparez nos sujets soumis et respectueux à des bêtes de somme; permettez : la bête de somme est celle qui porte le fardeau; or, vous portez le fardeau, donc c'est vous au contraire qui êtes les bêtes de somme, ayant mors et bridon, et bien plus encore, bêtes de somme destinées à subir la rude épreuve de la schlague russe qui sera introduite sous peu dans nos mœurs et dans nos lois.

Ma deuxième observation : Si j'ai bien compris également, le petit nombre de vos prosélites, considérablement réduit du reste par les assommades, les fusillades, les mitraillades obligées, ne présente plus qu'une faible minorité, débris d'une armée en déroute. Que peut alors une poignée de radicaux contre le seul bataillon sacré du système, qui compte toujours présents sous la bannière ou dans l'antichambre, au moins trois millions de courtisans! Donc vous n'avez pas la majorité, condition première chez un peuple constitutionnel.

A cela vous déclamez : « Si l'autorité des vertus citoyen-« nes ne s'est pas établie avec tout l'empire qui lui est « propre, c'est que l'on a fermé la bouche aux hommes « libres qui osèrent monter sur son autel et prêcher son « évangile.

« La première de ces vertus citoyennes est l'égalité. « Sainte égalité! déité du ciel, car tu présides aux juge-« ments de Dieu, les riches, les puissants, les oppresseurs « t'ont proscrite de la terre! La liberté de la presse pouvait « seule relever ton empire et ta puissance, eh bien! ces « mêmes hommes lui ont déclaré la guerre.

« Nos diplomates, ces capucins politiques que l'intrigue « a hâlés au timon des affaires publiques, dans quel but, « si ce n'est celui d'enchaîner le libéralisme qui nous con-« duit à grands pas à la réforme électorale, ont-ils travaillé « à comprimer la liberté de la presse, à l'aide du plus « ignoble machiavélisme?

« Ou la pensée qu'exprime la presse est vraie ou elle est « fausse.

« Si sa pensée découle d'une source de vérités éter-« nelles et universelles, pourquoi bâillonner la presse?

« Si ce qu'elle proclame est faux, de deux choses l'une, « elle parle des personnes ou des choses.

« Parle-t-elle des personnes, les outrage-t-elle? le code « pénal prévoit le délit, inflige une punition.

« La presse, au contraire, émet-elle de fausses doc-« trines; des principes politiques en dehors de la saine

« raison? le bon sens du peuple en fait justice en les re-
« poussant; c'est son droit, il l'exerce sans appeler à son
« secours, jurys, gendarmes, parquets et geôliers.

« Donc la liberté de la presse consiste essentiellement à
« exprimer sans entraves ce que l'on croit bon et utile à
« la société, à ses frères, à tous les membres de la grande
« famille, à l'exprimer dans un but de propagande phi-
« lantropique, ou celui de rendre les hommes et les insti-
« tutions meilleurs, sans être en cas d'erreur, saisissable
« et incarcérable; par exemple : tel fait une mauvaise
« pièce de théâtre, le public siffle; le bon sens du peuple
« a repoussé l'œuvre; rien de plus juste, mais l'auteur ne
« redoute, ne doit redouter ni amende, ni cachot.

« Voilà la liberté de la presse! quiconque l'enchaîne,
« enchaîne les progrès de la raison, appauvrit le moral
« des masses, les abrutit, les idiotise et par cette voie,
« crée aux forbans de la société le droit de mettre le pied
« et le poignard sur la gorge des peuples!

« Patriotes! hommes de cœur et de conviction, ne vous
« laissez pas intimider par des grimaces, des menaces,
« des scènes de fantasmagorie; appuyez tous, de vos si-
« gnatures citoyennes, votre réclamation qui est juste dans
« le droit et dans le fait. La charte vous autorise à publier
« vos pensées : à l'ouvrage; faites-vous les prédicateurs de
« la loi naturelle. Si l'arbitraire vous veut lier la langue :
« courage et persévérance, la pensée se crée, se fait, s'in-
« carne sous les chaînes; elle y grandit, elle s'y enrichit de
« tout l'intérêt dont la pare une impuissante et ridicule
« persécution; la source qui jaillit de ses profondeurs
« surmonte tous les obstacles dans son ascension perpen-
« diculaire; si une folle audace la comprime, la source
« travaille dans ses souterrains et bientôt se creuse un

« abyme. Telle est la pensée, elle veut être libre ou elle « fait explosion !

« Déployez la bannière, portant cette devise : Réforme « électorale ! égalité pour tous ! promenez-là du midi au « septentrion, d'une frontière à l'autre frontière ; que « partout se prononce la volonté des masses et que la « presse libre, la presse aux cent mille trompettes, redise : « Réforme électorale ! égalité pour tous !!! »

Je renvoie comme dessus la réfutation de ces hérésies à nos Démosthènes français, qui tiennent en main les rênes de l'état, me bornant à dire que semblable discours débité aux esclaves, du temps de César, eût mérité au prédicateur place sur une croix entre deux larrons. Aujourd'hui que l'on ne crucifie plus, mais seulement que l'on incarcère, ce même discours, imprimé dans un journal, mériterait au gérant responsable place aux assises, entre deux gardes municipaux. Ainsi doit se populariser et se perpétuer de siècle en siècle, de gouvernement libéral en gouvernement libéral, cette mesure de haute sagesse administrative.

Mais ce que je ne puis laisser passer inaperçu, ô radicaux ! c'est l'erreur étrange dans laquelle vous semblez vous complaire. Quoi ! la presse, les journaux, ces auxiliaires d'avant-garde seraient donnés comme étant l'expression franche et hardie du libéralisme ?

Déception !

Ce libéralisme que j'ai vu clairement à travers le prisme se réduit (à quelques exceptions près), aux mots SPÉCULATION, AMOUR DE L'ARGENT.

Oui, chaque inspiration jetée dans les colonnes d'un

journal libéral, soit parce que le pouvoir a dédaigné d'acheter son dévouement, soit parce qu'il lui a retiré le prix de sa servilité, est un pas fait vers une pièce de 20 f.; le louis fût-il dans la boue : vive le libéralisme! On ramasse la pièce d'or.

Ce journaliste est comme un chiffonnier, il fait son butin de tout ce qui produit de l'argent : êtes-vous mal famé, banqueroutier, renégat, le judas de vos frères? Payez, vous serez prôné.

Ce journalisme repoussé par le pouvoir est une banque, une bourse, qui exploite la confiance et la crédulité des abonnés, — reproche amer, sans doute, mais mérité.

Moi, si je me faisais journaliste; si je prononçais le vœu de défendre le peuple et ses droits que vous appelez naturels, inaliénables et imprescriptibles; eh bien, moi, missionnaire du peuple; moi, défenseur des prolétaires, des prisonniers politiques, du contribuable que fatiguerait l'impôt; moi, l'athlète du pauvre opprimé, contre le riche oppresseur; avant le combat je ne me ferais point donner un bouclier d'or et une lance d'or; mon arme serait celle du pauvre, un pavé; puis, victorieux, j'embrasserais mes frères : partageons mes amis le pain de la journée; vaincu, je dirais au pouvoir : le jury nous attend, partons.

Mais vos journalistes, que font-ils pour la cause du peuple? Ces hâbleurs, plus impudents, plus éhontés que ces charlatans à la grande musique, qui hantent les marchés de campagne, où ils exercent leur industrie en plein vent; vos journalistes, charlatans eux-mêmes, font du patriotisme à tant la page, tant la ligne : par spéculation, s'entendent comme larrons en foire, louent leurs propres œuvres, se flagornent mutuellement avec une bonhomie

BIBLIOTHÈQUE NATIONALE R.F.

d'habitude, un laisser-aller qui prend à leur piége libraires et lecteurs dupes. Est-ce là du libéralisme?

Soyez fripier, marchands de vieux habits; soyez journalistes, mendiant rebuté, c'est tout un : clique pour clique, juif pour juif.

Me blâme qui voudra, me traite qui voudra d'écrivain à gage, je le déclare, j'aime mieux, j'aime mille fois mieux la courageuse naïveté du journal *des Débats* et du journal *la Presse* qui disent : Le pouvoir nous paie pour le défendre, nous le défendons.

Portons notre attention sur un autre point.

La chambre des députés offre-t-elle aux réformistes un gage de la victoire?

La preuve contraire se manifeste dans la statistique peu respectueuse que la gent mercantile de conviction politique a elle-même tracée dans ses boutades de mauvaise humeur, à propos de cette auguste assemblée. Elle a dit :

« La chambre des députés, à l'exception d'un petit « groupe de citoyens qui siégent à l'extrême gauche, puis « les quelques légitimistes qui soutiennent à l'extrême « droite la royauté de droit divin, ne se compose que de « coteries rivales, toutes arlequines et saltimbanques, « n'ayant qu'un seul et même but, une seule et même « ambition, gagner la majorité, parce que la majorité « conduit au portefeuille, et le portefeuille aux immenses « richesses. Cet art de capter les consciences s'exerce plus « particulièrement sur le centre, armée numérique, qui « dort, ronfle ou crie : A l'ordre! mais jamais ne perd « de vue des intérêts qui lui sont chers : ceux du peuple « ou les siens; je vous laisse à décider. »

Si l'amertume, versée à pleine coupe, gagnait des prosélytes, oh! certes, la presse-Janus marcherait à la tête d'une armée formidable ; mais point : le fiel plus souvent empoisonne celui qui l'a distillé, et, je le prophétise, dans ma juste indignation : La tête du serpent sera écrasée! Le centre patriote se lèvera en masse contre la réforme électorale ! Je poursuis :

La grande majorité des électeurs ne partage pas non plus les passions du radicalisme. A ce sujet je cite un fait authentique, l'expérience est une autorité.

Que le lecteur me pardonne cette citation un peu longue, mais elle est tellement concluante, elle appuie si heureusement mon assertion que je me fais un devoir de rapporter le passage dans son entier.

Donc, à certaine époque d'élection, alors que j'étais réformiste, partisan du programme de l'Hôtel-de-Ville, je tins ce discours séditieux à mes voisins payant 200 francs d'impôt; discours qui longtemps a pesé sur ma conscience, et m'a conduit au tribunal de la pénitence : trois fois j'ai avoué ma faute au ministre des autels, trois fois j'ai baisé la patène, trois fois j'ai donné pour les pauvres de la paroisse : je suis absous. C'est pourquoi, en rappelant ce passage, je déclare qu'il contient du poison.

« Messieurs, »

« Vous avez à choisir entre deux espèces de députés :
« soit un député pour lui-même, soit un député pour vous.
« Quels avantages présente le dernier?

« Un député pour vous est un homme d'honneur, un « homme qui n'appartient pas au gouvernement, un bon « camarade, qui vous donnera une poignée de main au- « jourd'hui, dans un mois, toujours, parce que toujours « il est le même ; son cœur, sa conscience, ses principes, « ne tournent pas comme la girouette du donjon.

« Un député pour vous est votre ami, dès-lors ennemi « des gros impôts qui sont le plus grand fléau du peuple ; « toutefois il faut s'entendre : du peuple ouvrier, peuple « travailleur ; car le peuple ministériel, naturellement « porté à la cagnardise, fait bande à part ; c'est la tribu « bienheureuse, celle-là : beaucoup d'appelés, beaucoup « d'élus ; elle s'engraisse à nos dépens. Dieu tout puissant ! « Que ces visages fleuris nous coûtent cher ! Voyez plutôt « mon calcul ; sa justesse, sa précision mérite, sans au- « cun doute, l'approbation, non-seulement des courti- « sans, professeurs de flagornerie et faiseurs de dupes ; « mais aussi de tout contribuable qui raisonne avec son « gros bon sens.

« Je dis :

« Un paysan qui travaille depuis le lever du soleil jus- « qu'à son coucher ; depuis le premier janvier jusqu'à la « saint Sylvestre, peut cultiver environ six hectares de « terrain, terme moyen.

« Maintenant j'évalue l'impôt de cette petite parcelle du « sol avec l'ajouté de tous autres accessoires de droit fiscal, « à 36 fr. 50 c.

« Eh bien ! si, à la fin de l'année, le paysan a pourvu « aux besoins de sa famille, plus, aux exigences du per- « cepteur, il est heureux, car combien en est-il que l'ac- « tivité du fonctionnaire public stimule par l'envoi de gar-

« nisaires, personnes très-certainement inoffensives, mais « gens au cœur froid et à l'estomac chaud.

« Or, pour qui le paysan s'est-il fatigué pendant 365 « jours? Le budget répond : Pour moi.

« Maintenant je fais cette question : La distribution des « deniers publics est-elle raisonnable ?

« Un évêque, en y adjoignant tous honoraires de droit, « consomme à lui seul le produit des fatigues annuelles « de 1596 paysans!

« Un préfet, appointements, frais de bureau, frais de « représentation compris, 1917 paysans!

« Un ministre, sans compter les petits bénéfices, 3192 « paysans!

« Une liste civile, compris les domaines de la couronne, « au moins 821,917 paysans!!!...

« Cependant le mandataire, fidèle à ses devoirs, ennemi « de la gent qui voudrait nous dresser au collier de force, « signalera l'abus, le gaspillage des deniers publics; il « ôtera le fer de la blessure, la cicatrisera; si ses récla- « mations sont bafouées par les ministres, il répondra, « l'article 15 de la charte constitutionnelle à la main : « Ministres, vous n'aurez pas l'argent du peuple! »

Nos réformistes, que diront-ils de plus? Le plus est un pas dans la geôle, grâce à l'aimable et intéressant auteur des nouvelles lois d'amour et de sagesse; charmant doctrinaire, que la calomnie, oh oui, la calomnie, accuse d'entretenir à grands frais trois nymphes, dont une, dame de la cour. Une dame de la cour! notre cour citoyenne! quel mensonge atroce. Mais voyons la fin de notre conversation; il était question du député pour lui-même.

« Un député pour lui-même descendra, à Paris, tout

« droit chez le ministre ; il y a un instinct financier, pa-
« resseux et honorifique, qui conduit ces nobles manda-
« taires du peuple justement à ce logis, où garde, suisses,
« laquais, solliciteurs, force solliciteurs, font ronde de
« jour et ronde de nuit. Le député, dis-je, se rendra di-
« rectement au ministère ; là, il dira à son excellence :
« Monseigneur, je viens vous apporter l'hommage de mon
« patriotisme, (on se sert encore de ce mot), et mettre
« mon dévouement à votre disposition ; ce qui signifie, en
« langage de député pour lui-même : donnez-moi des
« places, plusieurs places, beaucoup de places et de l'ar-
« gent.

« Le député a rempli ce premier devoir, obligé par son
« mandat ; le lendemain il siége, vous savez où ; il vote,
« vous devinez : des fonds ; aux dépens de qui ? vous de-
« vinez encore : du paysan ; au profit de qui ? ah ! cette
« fois, vous ne devinez point ; ce n'est pas au profit du
« paysan. Tirez donc le rideau : derrière, là, vous y êtes ;
« ces habits brodés, ces gros ventres, ces figures réjouies ;
« mon Dieu, quelle peine ! il faut vous les montrer du
« doigt. »

A ce discours, mes voisins restèrent froids et impassibles ; le bon sens devait me dire pourquoi. En effet, le contribuable censitaire ne voit dans l'élection et dans sa qualité d'électeur que le droit de se hisser aux places ; cette prérogative lui appartient ; elle est à lui ; c'est son bien, c'est sa rente, son majorat, l'objet de toute sa sollicitude ; il ne l'abandonnera que par force. Aussi, mes auditeurs, n'entendant parler ni de places, ni de pécune, branlèrent la tête en signe d'improbation ; si bien que, tout-à-coup, la raison, cette lumière du ciel, dessilla mes yeux. Me retournant alors, comme un inspiré, je changeai mon langage, ma conviction, ma foi politique :

« Oui, Messieurs, je le reconnais, de nos jours il faut « un député à la main preste et capace, main ministé- « rielle pouvant saisir à la volée toutes les nominations, « depuis le simple garde-champêtre jusqu'au receveur- « général. Voilà le député par excellence. A l'ouvrage, « Messieurs, à l'ouvrage ; consommons l'œuvre de notre « régénération sociale !

« Agneaux, brebis électorales, ne vous laissez donc « pas égarer par une séduction perfide ; persistez dans le « choix d'un candidat du centre. Dans quelques mois, « quel honneur pour vous ! Vous aurez un GUILLOT plus « beau qu'un tambour-major ! Il reviendra au milieu de « vous couvert de plumes, de décorations, de broderies, « d'écharpes, de galons dorés ; qui sait ! peut-être même « marqué d'un crachat !

« Réjouissez-vous, braves gens ! l'un sera fait receveur « particulier ; l'autre, sous-préfet ; au troisième, répu- « blicain renégat, une place de juge est réservée. Vous « obtiendrez tout, des honneurs, des distinctions, de « l'argent, et, pour vos enfants, vos neveux, vos pro- « tégés, distribution complète vous sera faite, de demi- « bourses, de bourses tout entières et de brevets de sur- « numéraires ! »

Ma harangue fut couverte d'un tonnerre d'applaudissements.

La raison est décisive : il y allait des intérêts de la classe aux petits priviléges ; priviléges du dernier ordre, à la vérité, mais toujours priviléges, ou droit de prendre part au gâteau.

Radicaux, ne comptez donc plus sur le concours des électeurs. Il n'est pas une autorité qui ne s'élève contre la réforme que vous avez rêvée mille siècles avant son ère : fonctionnaires publics, députés, commissaires de police, ministres, gendarmes, providence, gagés de maire, surnuméraires, sainte-alliance, gardes-champêtres ! Toutes ces puissances se sont écriées : Point de réforme électorale !

Battus sur tous les points, les radicaux se retranchent dans les exceptions : un préfet s'est montré de leur opinion ; ils le portent aux nues : l'honorable général, député *intègre* qui a blâmé les paroles inconsidérées du fonctionnaire public, ils le traitent de spadassin. Spadassin !.... selon l'étymologie : férailleur, maître d'armes qui cherche des querelles et des victimes !.... Brave général ! tu seras vengé de cet outrage qui va *jusqu'à l'ignominie :* la citadelle de Blaye sera bondée de prisonniers radicaux !

Cependant, comme la malignité des factieux a prêté à la conversation du préfet réformiste et de l'honorable député de mensongères apostrophes, je dois à la vérité de rétablir le dialogue dans ses véritables expressions.

« Il me semble », a dit le préfet, « que ce privilége d'ar-
» gent ou la prééminence d'une petite minorité sur la
« grande majorité réduite au silence, aux charges et à
« l'obscurité, porte avec lui le cachet de l'arbitraire ;
« qu'il viole ouvertement le principe de l'égalité.

« Ce système bâtard d'élection, édifié par des égoïstes,
« doit donc être ramené à la primitive origine du droit

« naturel, qui reconnaît tous les citoyens aptes à élire « leur représentant, l'homme qui doit être l'écho de leurs « vœux, de leurs besoins, de leurs sentiments ; l'homme « que l'intérêt national place sur le pavois, pour que cet « élu, l'organe des masses, fasse éclater, dans son indé- « pendance et dans son noble orgueil, le cri de détresse « et de salut, si l'absolutisme osait jamais s'armer contre « les droits du peuple.

« — Monsieur le Préfet, ce langage a lieu de me sur- « prendre de votre part ; car, je n'en puis douter, la vo- « lonté du système vous est officiellement connue.

« — Avant d'être préfet, monsieur le député, je suis « citoyen ; comme citoyen, je pense donc que l'on a subs- » titué au mode le plus équitable d'élection un abus aris- « tocratique, une prérogative financière. N'a-t-on pas dit, « en effet, à l'artisan sans fortune, à l'honnête commer- « çant qui ne s'est point enrichi par le vol, à l'homme « studieux qui a négligé les richesses pour se livrer en- « tièrement aux sciences ; n'a-t-on pas dit au vieux ma- « rin, au militaire, couverts de cicatrices, mais pauvres « tous deux, car tous deux ont sacrifié leur existence à « la patrie; ne leur a-t-on pas dit à tous : Ce gros proprié- « taire qui ne sait pas lire, ce banquier qui a pressuré « le marchand malheureux, les familles nécessiteuses, « nommeront seuls le député du pays, parce qu'ils sont « riches ? Vous, la loi vous repousse parce que vous êtes « pauvres ; elle vous met à l'écart comme des lépreux ; « sur vous elle ne fait peser que des charges, des im- « pôts, des corvées ; elle ne veut pas même que vous « ayez une voix pour réclamer contre l'oppression des « grands. »

Les radicaux, contre toute vraisemblance, font répliquer l'honorable général en ces termes :

« *Vous répondez sur votre tête, monsieur le Préfet,*
« *du désordre anarchique que peut causer l'exaspération*
« *d'un pareil discours. Mon épée me promet qu'un juste*
« *châtiment sera la récompense de vos erreurs politiques.* »

Le préfet, sans s'émouvoir :

« *Vous oubliez, général, que je suis une des premières*
« *lames du royaume... Si vous remplissez auprès de moi*
« *le rôle ignoble de mouchard, j'accepte le duel et je vous*
« *tue !...*

» Non, ce ne sont pas *des erreurs politiques ;* je sou-
« tiens, au contraire, que l'honneur, la dignité du peuple,
« demandent la réformation de notre législation électo-
« torale ; l'intérêt de tous réclame que l'égalité de tous
« devant la loi soit désormais une vérité. Il exige un
« concours universel d'opinions et de volontés : au peu-
» ple, comme corps social, comme association politique,
« il faut l'unité, qui est un principe de force, de conser-
« vation. Sans égalité, sans l'équilibre des avantages et
« des charges, il n'y a plus d'unité ; des convulsions po-
« pulaires ou un relâchement complet des organes se fe-
» ront bientôt sentir dans le corps social ; l'Etat sera sans
« vie et sans activité. Ce ne sera plus une nation encore
« plus redoutable par l'énergie de son moral que par ses
« baïonnettes et ses bouches à feu ; elle sera faible, lan-
« guissante, démoralisée. A peine vivement blessée ou
« provoquée dans son honneur, se relèvera-t-elle fière et
« menaçante, éprouvera-t-elle un terrible réveil ; mais,

« ce premier mouvement calmé et l'outrage effacé par un
« triomphe éclatant, elle reprendra, morne et soucieuse
« ses pernicieuses habitudes contractées sous un régime
« de misère et de dégoût.

« Ainsi dépérissent les Etats florissants, quand le principe qui a fait leur splendeur est torturé ou violé par une minorité jalouse, égoïste, ambitieuse et incapable.

« *Adieu, général, rappelez-vous ma promesse.* »

Ce n'est pas assez d'avoir divulgué cette conversation particulière, à laquelle le hasard seul, et non une mission clandestine, donna naissance. Les réformistes veulent du scandale à tout prix ; il n'est rien de secret qu'ils ne pénètrent et ne publient dans ce but : c'est pourquoi, ayant eu connaissance de la rencontre qui eut lieu de deux députés chez MM. M..... frères, banquiers à Paris, ils propagèrent sur-le-champ les reproches réciproques qui furent échangés dans le feu de la discussion.

» Un sentiment de mépris, » disent les réformistes, « animait le député libéral ; la causticité perçait de ses « yeux. Sa taille grande et pincée, sa mise recherchée, « sa figure juvénile, ses paroles à pointe d'épingle, nous « le firent aussitôt reconnaître. »

« Jamais, je le répète, » s'écria d'une voix traînante et nazillarde son adversaire, homme de haute taille, sec, étique, au nez en bec de perroquet, à la chevelure grisonnante, au dos courbé en arc ; « jamais les ouvriers de « Lyon, auxquels je fais la charité, que je couvre de bien- « faits, ne signeront cette pétition anti-nationale. » Sa gravité affectée respirait à la fois l'hilarité et le ridicule.

« — Votre conscience, je le présume, a prononcé cet

« arrêt. Honneur donc à vous, député fidèle à vos con-
« victions ! Gloire immortelle au saint Vincent-de-Paul
« lyonnais !

« Longtemps, je l'avoue, je me suis refusé à croire à
« votre patriotisme ; mais aujourd'hui le doute s'efface.
« Que trois fois justice soit rendue à votre civisme et au
« civisme de la phalange héroïque dont vous portez l'é-
» tendard !

« Alors que le drapeau surmonté d'un coq a remplacé
« le sale linge des royautés passées, vous tous, ô sauveurs
« de la patrie ! que de brillantes promesses n'avez-vous
« pas jurées aux ouvriers briseurs de trône ! L'histoire en
« conservera le souvenir éternel !

« Le 27, le 28, le 29 juillet 1830, le peuple a payé de
« son sang le droit de parler, le droit d'écrire, le droit de
« réclamer contre l'oppression des autocrates en livrée, et
« vous lui avez dit :

« PEUPLE ! DÉSORMAIS TA PAROLE ET TA PLUME SERONT
« LIBRES. Cette liberté tout entière se trouve consacrée par
« Charte revue, corrigée, mais non considérablement
« augmentée ; n'importe.

« Vous avez dit aussi :

« NOTRE SAGESSE LÉGISLATIVE ÉTABLIRA UN GOUVERNE-
« MENT A BON MARCHÉ, LE TROP GRAND ACCROISSEMENT DES
« CHARGES PÉCUNIAIRES EXIGEANT CETTE MESURE D'ÉCO-
« NOMIE POLITIQUE. Promesse sacrée qui deviendra un
« jour l'objet de votre sollicitude particulière.

« LE TRÔNE SERA ENTOURÉ D'INSTITUTIONS RÉPUBLICAI-
« NES. Au nombre de ces institutions républicaines, vous
« comptez déjà l'état de siége, les lois de septembre, la
« police secrète réintégrée dans ses très-honorables fonc-
« tions, la petite aventure du pont d'Arcole, les pétards

« *citoyens* qui ont servi à faire sauter les maisons de « Lyon, l'industrie liée et garotée comme factieuse, l'ins- « tallation des jésuites, la promotion des princes aux pre- « miers emplois, les incarcérations préventives en matière « de mauvaise presse, enfin le maintien de notre système « électoral grandiose !

« Vous avez dit encore :

« LES PLACES NE SERONT PLUS L'OBJET D'UN INFAME PIL- « LAGE OU D'UN IGNOBLE TRAFIC. Promesse accomplie.

« L'ARMÉE N'ENREGISTRERA PLUS DE PASSE-DROIT. Nou- « velle promesse, nouvelle garantie légale. »

De sataniques sarcasmes n'étant point des arguments, bref à cette conversation. Toujours est-il que l'honorable député n'a point encaissé, comme un égoïste, les billets de banque qui lui ont été comptés par nos excellences, et qu'il en a au moins payé le centième denier aux braves ouvriers de Lyon, adversaires déclarés de la réforme électorale.

Après tout, et admettant que cette fameuse pétition se couvrît d'une quantité innombrable de signatures ; que la presse réclamât l'égalité de tous au nom des masses, et que cette réclamation fût portée à la Chambre par quelques-uns de ces esprits exaltés qui ont déjà crié contre l'édification de la ceinture de bastilles destinées à protéger à Paris les libertés populaires ; qu'adviendra ?

Le ministère, vivement pressé par l'opposition, montera à la tribune et dira :

« Messieurs,

« LA FRANCE EST HEUREUSE, LA FRANCE EST PROSPÈRE, « ET L'ORDRE RÈGNE PARTOUT.

« Cependant d'honorables députés que je ne qualifierai « point de révolutionnaires, de terroristes, de buveurs de « sang, vous soumettent un projet de loi dont l'adoption « ferait baisser les fonds publics et amènerait contre nous « toutes les puissances de la Sainte-Alliance.

« Le projet a pour but de rendre électeur tout citoyen « qui supporte les charges de l'Etat.

« Ces citoyens, réunis en assemblées primaires, nom-« meraient des électeurs délégués.

« La convocation des délégués n'aurait plus lieu dans « chaque arrondissement, mais au chef-lieu de départe-« ment où seraient élus tel nombre de représentants du « peuple ; c'est au moins le vœu des radicaux, parce que, « allèguent-ils, le pouvoir s'assure la majorité de la Cham-« bre, en accordant ou promettant à chaque député des « faveurs pour leurs localités ou pour les meneurs, élec-« teurs permanents, qui les ont créés dans des vues in-« téressées.

« Ce projet de loi, Messieurs, présente deux inconvé-« nients graves : d'abord, il est fort douteux que vous « puissiez vous maintenir dans vos fonctions de député, « si toutefois vous continuez à accepter les faveurs qui « sont acquises, à si juste titre, à vos lumières, à votre « dévouement, à votre patriotisme. Ensuite, ces élec-« teurs délégués, de création populaire, ne vous feront-« ils pas une obligation d'alléger les charges de l'Etat ?

« Pour alléger les charges de l'Etat (cette observation « s'adresse plus particulièrement à messieurs les em-« ployés du gouvernement, formant la majorité), il faut « réduire vos appointements ! De bon gré, très-bien ; « mais par force, par l'ordre des radicaux ! ce serait « une lâcheté. — Réduire vos appointements !... Nobles

« représentants du peuple, aurez-vous jamais la condam-
« nable faiblesse de consommer ce sacrifice ?... Réduire
« vos appointements !!!...

« Ce projet de loi est abominable !

« La Providence, qui nous protége, conjurera, je l'es-
« père, l'orage qui gronde sur notre tête. Afin de fixer
« plus sûrement à notre bannière sa bienveillance accou-
« tumée, un *Te Deum* sera chanté, les édifices publics
« seront illuminés ; la munificence gouvernementale dis-
« tribuera en outre des croix-d'honneur, des pensions,
« des brevets, des titres de noblesse, des comestibles et
« de l'argent !

« Messieurs, la république arrive avec ses échafauds !!!...

« La clôture ! la clôture ! »

La Chambre passe à l'ordre du jour.

Radicaux ! douterez-vous encore de votre défaite ? Votre confiance, mille fois aveugle, comptera-t-elle encore sur le concours des représentants du peuple ? Quand cela serait ?

Mais la Chambre des pairs ; mais ces vieilles expériences, ces illustrations, ces pensionnaires de l'État, ces conseillers de la couronne, ces géants de patriotisme, sanctionneront-ils jamais cette œuvre du démon révolutionnaire ? Quoi ! ces nobles législateurs, ces législateurs nobles, ne découvriraient pas, dans cette épouvantable mesure, le crime de lèze-nation, eux, dont l'admirable, l'incomparable génie constitutionnel a si justement trouvé dans la brochure dangereuse de Laity un complot contre la sûreté de l'Etat !

Ici vient échouer le dernier espoir des réformistes. La France peut dormir en paix, le Sénat veille pour elle nouvel Argus, il ne laissera pas enlever les pommes d'or que le ministère a confiées à sa garde !

Aussitôt, sans doute, va se déchaîner la mauvaise presse, toujours prête à secouer les brandons de la discorde ; la colère, les récriminations vont filtrer, vont dégorger de ses pores. Dans quel but ? appeler la guerre civile ? fomenter des émeutes ? Mort aux émeutiers ! Autres temps, autres gouvernements. Après les trois sommations voulues par la loi, les émeutiers seront fusillés, canonnés, mitraillés, bombardés ; s'il en est qui résistent, après la victoire, comme au cloître St.-Méry, tous seront égorgés.

Que les factieux se rappellent les affaires de juin : la main toute-puissante du pouvoir ne les a-t-elle pas saisis derrière leurs barricades ? A la vérité, ils n'étaient que deux cent soixante-dix hommes mal armés contre quatre-vingt mille bien armés. Vu leur petit nombre, ils ont opposé une résistance courageuse, il faut en convenir, extraordinaire même : l'honorable garde nationale de la banlieue en a souvenance. Mais, à l'avenir, qu'ils ne se flattent d'aucune chance favorable ; à l'avenir, pour éviter que la victoire reste deux jours incertaine, on fera marcher mille hommes contre un ; s'il en faut cent mille, cent mille marcheront.

Factieux ! souvenez-vous que tous les jours on fabrique des cartouches, on coule des boulets, on prépare de la mitraille ; souvenez-vous que nos arsenaux se remplissent d'armes ; que nos fantassins, nos cavaliers, nos bombardiers, envahiront Paris, au premier signal, aux cris de vive le ministère ! à bas la pétition et les pétitionnaires !

Réformistes ! j'en ai dit assez pour votre gouverne. Que la prudence vous guide ; si vous résistez à ses conseils, alors soyez maudits ; soyez pour jamais exclus des places ; que pour vous jamais la manne ne pleuve du ministère, et que vos personnes, vos enfants, vos petits-enfants et les descendants de vos petits-enfants soient à jamais bannis de toute assemblée électorale.

Quant à vous, mes chers protecteurs, mes bienfaiteurs, courageux rédempteurs et restaurateurs des droits de l'homme et du citoyen, que votre patriotisme fasse échouer le projet insensé de ces esprits turbulents ; travaillez, intriguez, sollicitez, menacez; soyez hardis et entreprenants ; soyez souples et maniables, répandez un peu d'argent, promettez beaucoup, remuez le moral, flattez les ambitions, embauchez les gens avides, intimidez, soudoyez les salons, intéressez vos amis, faites tourner les girouettes.

Si vous succombez dans la lutte, ce que je suis loin de désirer et de prophétiser, vous aurez du moins acquis un nouveau titre d'estime à la reconnaissance populaire, et, en quittant la gestion des affaires publiques, ce sera une richesse de plus à ajouter aux écus que vous aurez emportés.

Ouvrage du même Auteur:

CONVERSION

D'UN

LIBÉRAL.

www.ingramcontent.com/pod-product-compliance
Ingram Content Group UK Ltd.
Pitfield, Milton Keynes, MK11 3LW, UK
UKHW012119240726
13965UKWH00005B/1858

9 782012 468030